Leomar A. Brustolin

Como será DEPOIS?

O sentido de viver e morrer na tradição cristã

Dados Internacionais de Catalogação na Publicação (CIP)
(Câmara Brasileira do Livro, SP, Brasil)

Brustolin, Leomar A.
Como será depois? : o sentido de viver e morrer na tradição cristã / Leomar A. Brustolin – São Paulo : Paulinas, 2015. – (Coleção o melhor remédio. Série reflexões e orações)

Bibliografia.
ISBN 978-85-356-3877-6

1. Cristianismo 2. Morte 3. Morte - Aspectos religiosos - Cristianismo I. Título. II. Série.

15-00025 CDD-248.86

Índice para catálogo sistemático:
1. Morte : Aspectos religiosos : Cristianismo 248.86

1ª edição – 2015
2ª reimpressão – 2024

Direção-geral: *Bernadete Boff*
Editora responsável: *Andréia Schweitzer*
Copidesque: *Simone Rezende*
Coordenação de revisão: *Marina Mendonça*
Revisão: *Ana Cecilia Mari*
Gerente de produção: *Felício Calegaro Neto*
Produção de arte: *Manuel Rebelato Miramontes*
Foto do autor: *Leandro Araújo, Foto Itália*
Foto da capa: *© Iakov Kalinin*
Fotos do miolo: *stock.xchng*

Cadastre-se e receba nossas informações
www.paulinas.com.br
Telemarketing e SAC: 0800-7010081

Paulinas
Rua Dona Inácia Uchoa, 62
04110-020 – São Paulo – SP (Brasil)
(11) 2125-3500
editora@paulinas.com.br

Nada te perturbe, nada te espante,
Tudo passa, Deus não muda,
A paciência tudo alcança;
Quem a Deus tem nada lhe falta:
Só Deus basta.
Eleva o pensamento, ao céu sobe,
Por nada te angusties, nada te perturbe.
A Jesus Cristo segue com peito grande,
E, venha o que vier, nada te espante. [...]
Tudo passa.
Deus não muda. [...]
Ainda que tudo perca,
Só Deus basta.

Tudo passa.
Deus basta!

Santa Teresa de Jesus

Vamos conversar?

Quando perdemos alguém que amamos, o mundo parece ficar mais vazio. A própria vida perde um pouco do seu brilho.

Então, surgem perguntas:

- Por que isso aconteceu?
- Qual o sentido disso?
- Existe algo além da vida?
- Como a fé pode ajudar?

Neste livro-mensagem você vai encontrar algumas respostas a questões que podem estar lhe inquietando no período de luto. A perda de alguém muitas vezes enfraquece a fé. Nessa hora precisa-se de amigos fortes.

As mensagens aqui expressas desejam ser companheiras que respeitam profundamente a dor do luto, mas, ao mesmo tempo, pretendem iluminar o cotidiano de quem crê. Afinal, toda a escuridão do mundo não pode apagar a luz de uma única vela. A fé cristã pode ajudar a organizar a mente e o coração com algumas respostas.

Por incrível que pareça, muitas pessoas desconhecem o sentido de viver e morrer na tradição cristã. Nossa motivação está na Carta de São Paulo Apóstolo, que escreveu aos cristãos da Tessalônica: "Irmãos, não queremos que vocês ignorem coisa alguma a respeito dos mortos, para não ficarem tristes como os outros que não têm esperança. Se acreditamos que Jesus morreu e ressuscitou, acreditamos também que aqueles que morreram em Jesus serão levados por Deus em sua companhia" (1Ts 4,13-14).

Morrer faz parte do viver?

Geralmente pensamos a morte fora da vida. Gastar tempo, consumir energia, renunciar a algo, perder: são sinais de que diariamente a vida se consome como uma vela ao produzir luz.

Não duramos eternamente na terra. Na vida há também cansaço em busca de repouso. Depois de uma jornada de trabalho, é preciso descansar. Passado um dia ensolarado, segue o pôr do sol. Os livros tendem ao epílogo e uma novela se desenrola para o último capítulo. Há muita beleza no fim. Os latinos diziam: *finis coronat opus* [o fim coroa a obra].

Preparar-se para o entardecer da vida não é olhar para a noite da morte, e sim perceber que o sol se põe deste lado da existência, mas continua a iluminar a outra, onde é sempre dia. Afinal, quando é noite aqui, é dia no outro lado do planeta. De certa forma, isso nos ajuda a compreender a vida: quando morremos, apagamos para este mundo, mas vivemos e somos iluminados na vida eterna que Deus nos preparou.

O cristão não teme a morte.

O QUE É A MORTE?

Fomos criados para a vida. A morte é estranha à condição humana. O Criador nos fez para viver, mas o ser humano quebrou a aliança de amor com Deus, que resultou na morte. É por estar fora dos planos de Deus para a humanidade que a morte nos violenta tanto. Por isso é tão difícil lidar com a perda de alguém. Jamais aceitaremos perder quem amamos. Podemos até nos consolar, mas não compreendemos totalmente. A morte é um mistério.

A Igreja, baseada na Bíblia, ensina que "a morte é o fim da peregrinação terrestre do homem, do tempo de graça e de misericórdia que Deus lhe oferece para realizar a sua vida terrestre segundo o projeto divino e para decidir o seu destino último" (*Catecismo da Igreja Católica*, n. 1030).

- Fim da peregrinação na terra
- Fim do tempo
- Hora da decisão sobre o destino último que escolhemos ao longo da vida.
- Início da vida em Deus, vida eterna.

INSCRIÇÃO PARA UM PORTÃO DE CEMITÉRIO

Na mesma pedra se encontram,
Conforme o povo traduz,
Quando se nasce – uma estrela,
Quando se morre – uma cruz.
Mas quantos que aqui repousam
Hão de emendar-nos assim:
"Ponham-me a cruz no princípio...
E a luz da estrela no fim!

(Mario Quintana)

HÁ VIDA DEPOIS DA MORTE?

Neste mundo não é possível comprovar cientificamente que há vida após a morte. Não há provas verificáveis que sejam universalmente aceitas. Igualmente, não há nenhuma prova certa de que não existe vida após a morte, assim, tudo depende da fé. Acreditar ou duvidar dessa possibilidade depende da postura individual, ideológica ou religiosa que se assume.

Assim, até o ateu pode não crer na existência de nada, porém, certeza ele não tem. O crente tem certeza do olhar da fé. "O essencial é invisível aos olhos" (Saint-Exupéry).

Quem crê deve respeitar quem não acredita na vida após a morte, por outro lado, não pode deixar que a dificuldade do outro o impeça de esperar e testemunhar a certeza do que Cristo prometeu.

A concepção da morte depende da experiência que fazemos durante a vida. Muitos se decepcionaram com suas crenças e cansaram de acreditar na vida eterna. Que bom seria se todos pudessem perceber que há algo em nós que não morre! Afinal, homens e mulheres, há milhares de anos, por meio de religiões, afirmam uma crença universal: fomos criados no tempo para sermos eternos.

QUAL A CRENÇA DO CATÓLICO A RESPEITO DA VIDA ETERNA?

O Papa Paulo VI nos ensina: "Cremos que as almas de todos aqueles que morrem na graça de Cristo, quer devam ainda se purificar no purgatório, quer sejam recebidas por Jesus no paraíso, no mesmo instante em que deixam os seus corpos, como sucedeu com o Bom Ladrão, formam o Povo de Deus, para além da morte, que será definitivamente vencida no dia da ressurreição, quando essas almas se reunirão a seus corpos".

Como seremos julgados?

Após a morte, ensina a Igreja, a pessoa ficará diante de Jesus Cristo, que lhe abrirá as possibilidades do céu, do purgatório ou do inferno, mediante as escolhas realizadas ao longo da vida.

O conteúdo do julgamento é a vida de cada pessoa, pois nela esteve em jogo a relação com Jesus Cristo. O critério para o julgamento é o amor. Isso vale para todo ser humano, até mesmo para aquele que não conheceu Jesus, o nosso Redentor. O Evangelho escrito por São Mateus nos alerta que, na ocasião do julgamento, Jesus dirá, aos que praticaram o amor:

Vinde, benditos do meu Pai, e recebei a herança...
Pois tive fome e me destes de comer
Tive sede e me destes de beber
Era forasteiro e me acolhestes
Estive nu e me vestistes
Estava doente e preso e me visitastes
Cada vez que o fizestes a um desses
meus irmãos mais pequeninos,
a mim o fizestes...

(Mt 25,35-41)

"No entardecer da vida,
seremos julgados pelo amor."
(São João da Cruz)

E AQUELES QUE NÃO PODEM DECIDIR?

Como serão julgados os que não têm consciência, os que têm sua liberdade condicionada, a multidão de homens e mulheres privados de direitos e de esperança?

Deus não condena ninguém; é a própria pessoa, pelos seus atos e palavras, que trilha o seu caminho ou se desvia dele. Quem for condenado sê-lo-á em razão de sua opção de afastar-se de Deus. Evidentemente que tudo já se vai decidindo nesta vida. A escolha final é o resultado daqueles que nesta vida optaram pelo bem e pela justiça, ou daqueles que desde já caíram em outro caminho. Daí a responsabilidade da vida humana na terra.

As pessoas sem condições de decidir, por problemas mentais e sociais, também serão julgadas por esse amor que salva. O Justo Juiz não dará somente o que a pessoa merece, mas também o que ela precisa.

O QUE É O CÉU?

A comunhão de vida e de amor com a Virgem Maria, os anjos e todos os bem-aventurados é denominada "céu". O céu é o fim último e a realização das aspirações mais profundas do homem, o estado de felicidade suprema e definitiva. Viver no céu é "viver com Cristo".

Chamamos de céu aquele estado de harmonia perfeita da criatura com Deus. Não é um lugar, mas um estado onde estaremos face a face com a Santíssima Trindade, nosso Deus. Para lá caminhamos cada dia, pois, na terra, somos apenas peregrinos. Não desprezamos este mundo, mas sabemos que não estamos ainda na pátria definitiva. Somos caminhantes.

Sobre como será o céu e sobre os detalhes da vida celeste nada podemos afirmar, porque é uma surpresa muito grande. Assim como uma criança no ventre da mãe nem imagina o quanto é bela a vida que a espera ao nascer, nós também não imaginamos como será bela a vida em Deus após a nossa morte.

Onde está o céu? O céu não é um lugar geográfico delimitado pelas dimensões de espaço a que estamos habituados. É a habitação de Deus. Ele o criou para permanecer eternamente conosco.

O caminho do céu é um só: Jesus.
"Ninguém vai ao Pai a não ser por mim.
Eu sou o Caminho, a Verdade e a Vida."
(Jo 14,6)

O QUE É O PURGATÓRIO?

Purgatório é purificação, é sofrimento que faz mudar a pessoa. Após São Pedro trair Jesus, o próprio Senhor fixou o olhar nele, e Pedro chorou amargamente (Lc 22,61-62). Esse é um sentimento de purgatório, de conversão, de mudança.

Aqueles que durante a vida não conseguiram viver o amor para com os outros e se fecharam, e que, mesmo assim, têm vontade de viver com Jesus, poderão ser purificados depois de mortos. Jesus irá fixar seu olhar amoroso sobre nós e veremos o quanto participamos ou nos afastamos do amor. É uma chance que Deus dá para que a pessoa se transforme no amor, para que não se feche.

O purgatório não é um lugar, mas um estado por meio do qual a pessoa antes ou depois da morte muda sua forma de pensar e de agir. Algumas pessoas passam por essa provação antes de morrer e mudam completamente sua forma de ser, tornando-se mais amorosas e menos egoístas.

No entanto, todos precisam entender o que significa ser filho de Deus e abandonar as obras egoístas e injustas.

Purgar é purificar, é quebrar as pedras
que endureceram o coração
e impediram de amar a Deus e as pessoas.
É tornar-se livre para amar sem limites.

O QUE É O INFERNO?

Aqueles que se fecharam totalmente ao amor de Deus e escolheram livre e conscientemente ficar longe dos irmãos e do Criador, já vivem na terra uma experiência de inferno que poderá prolongar-se na eternidade. Deus não coloca ninguém nesse estado. São as próprias pessoas que permitem o endurecimento do coração com o apego exagerado aos bens, os instintos egoístas, a ânsia pelo poder e, principalmente, a insensibilidade para com o próximo. Quem viveu assim, não consegue entender a dinâmica do céu, onde a vida é sempre amor e partilha.

Mas, se Deus é amor, como pode existir o inferno?

O Evangelho nos revela que Deus criou tudo para a salvação e que não quer que nada se perca. O inferno é, de fato, um escândalo até aos olhos de Deus. Ele não foi criado por Deus, mas pelas criaturas livres e inteligentes, anjos e homens, ao decidirem ser diabólicos.

A "possibilidade" de uma condenação eterna revela a grandeza de nossa liberdade, a dignidade e a seriedade de nossas escolhas.

O inferno deve ser visto como a séria possibilidade de recusarmos livre e definitivamente o amor de Deus.

ONDE ESTÃO OS MORTOS?

O pensamento católico rejeita a tese de que os mortos dormiriam esperando a segunda vinda de Cristo no final dos tempos. Sustenta que cada ser humano será julgado imediatamente após a morte. É o juízo particular que antecipa individualmente o juízo universal. Os mortos esperam a ressurreição no final dos tempos.

Eles existem na presença eterna de Deus.

Com relação ao lugar ou estado no qual os mortos se encontram, responde-se que já estão com Cristo no céu. Assim se interpretam as palavras de Jesus dirigidas ao ladrão arrependido e crucificado do seu lado: "Hoje estarás comigo no paraíso" (Lc 23,43). Ele disse "hoje" e não "daqui a três dias", referindo-se ao hoje eterno de Deus. Assim, logo após morrermos, se nos encontrarmos em estado de graça, estaremos com Cristo.

Vamos nos reencontrar?

O reencontro com nossos familiares e amigos no céu não é simplesmente a continuidade do que vivemos na terra. No Evangelho escrito por Lucas, há uma passagem em que um grupo de pessoas que não acredita na ressurreição provoca Jesus com a seguinte questão: sete irmãos morreram, um após o outro, e todos se casaram com a viúva do primeiro irmão para não deixá-la abandonada. Na ressurreição, qual deles será o marido dessa mulher? (cf. Lc 20,33). Jesus responde que nenhum deles será o marido dela, porque no céu seremos como anjos.

Mas atenção: não seremos anjos, mas pessoas que vivem diante de Deus *como* os anjos. O céu não reproduz simplesmente as relações que tivemos na terra. Não haverá relações com o tipo de vínculo que temos aqui, mas estaremos em comunhão com todas as pessoas que amamos em vida e também com aquelas que não amamos tanto. Não haverá mais inimigos, pois todos seremos amigos do Senhor e, por isso, uma só família.

HÁ DOIS JUÍZOS? UM INDIVIDUAL E OUTRO UNIVERSAL?

Quando rezamos o Creio, dizemos que Cristo virá para julgar os vivos e os mortos. O que indica que há um destino final para a história e para o mundo. Isso ocorrerá no final dos tempos (nunca saberemos quando será) com a vinda de Cristo em poder e glória. Na primeira vez Jesus veio na humildade do presépio; na segunda, ele se manifestará a todos em sua glória.

Quando Cristo vier, ressuscitará todos os mortos, então todos receberão um corpo glorificado, um corpo espiritual. Nesse dia a história e o mundo conhecerão o juízo de Deus. Nesse juízo tudo estará diante de Deus e será destruída a morte, nosso maior inimigo. Nessa avaliação geral de tudo o que se passou pelo universo criado, serão julgados os totalitarismos, as guerras, as fomes, as violências, as ditaduras, o terrorismo e tudo que causou dor e morte a inocentes. Não será o juízo individual, mas de tudo aquilo que se opôs a Cristo enquanto o tempo e o espaço existiam.

O QUE É A RESSURREIÇÃO?

Quando alguém morre e é sepultado ou cremado segundo a fé católica, a alma dessa pessoa se apresenta diante de Deus para o juízo individual. Então ele decide sobre o céu, o purgatório ou o inferno. Todos, porém, esperamos a vinda de Jesus no final dos tempos, quando ele irá "julgar os vivos e os mortos", como rezamos no Creio. Será o Juízo Universal. Ninguém pode prever ou anunciar esse dia, pois depende totalmente da vontade do Pai. A vinda de Cristo será sua *parusia*: sua visita. Nesse dia ocorrerá a ressurreição dos mortos. Então, os mortos receberão um corpo glorioso.

COMO PODEMOS SABER QUE SERÁ ASSIM?

Tudo em que a Igreja acredita sobre a vida eterna baseia-se totalmente na páscoa de Jesus Cristo. Jesus foi crucificado e morreu publicamente. No entanto, todos que presenciaram isso são unânimes em relatar que viram Jesus ressuscitado. Não afirmaram que ele retornou a esta vida, mas que ele vive na glória de Deus e se manifestou aparecendo vivo a seus discípulos.

O QUE NÃO É RESSURREIÇÃO?

A ressurreição dos mortos pretende exprimir uma vida qualitativamente nova, que não conhece mais a morte e que não pode ser nem mesmo o prosseguimento desta vida mortal. Paulo afirma que "Cristo ressuscitado dos mortos não morre mais" (Rm 6,9). Dessa forma, não é ressurreição o conceito de retornar à vida e morrer novamente. A vida da ressurreição não é um continuar a viver depois da morte, mas sim a derrota da morte na vitória da vida nova eterna.

Qualquer outra teoria sobre o que existe após a morte pode convencer a quem não tem fé. A ressurreição depende totalmente de confiar no que Jesus prometeu e cumpriu na páscoa.

O QUE É A RESSURREIÇÃO DA CARNE?

Deus criou-nos com um corpo. No final dos tempos, por ocasião da ressurreição, receberemos uma carne que não adoece, não peca, nem morre. Será uma carne transfigurada. Será uma realidade tão diferente da atual, que Paulo Apóstolo dá-lhe o nome de "corpo glorioso". Assim, impede-se pensar que na eternidade seremos apenas um espírito ou uma alma sem corpo, pois desse modo não seríamos mais nós, e sim fantasmas, algo que a fé católica jamais ensinou.

Como se realizará essa ressurreição é um mistério. Trata-se de uma realidade diferente de tudo o que conhecemos. O seguinte exemplo pode nos ajudar: um bebê vive nove meses no ventre da mãe. Quando nasce, há uma descontinuidade de sua vida: não está mais recluso, não está mais mergulhado no líquido amniótico, e já pode abrir os olhos e enxergar. Aos poucos, passa a ter uma autonomia de que não usufruía na vida intrauterina. Podemos dizer então que estamos no ventre da terra. Quando sairmos pela morte e nascermos para a vida em Deus, quanta surpresa, novidade e beleza nos esperam! Seremos os mesmos, mas teremos superado tantos limites físicos, morais e espirituais, que encontraremos em Deus a plenitude do nosso ser.

"Todavia, alguém dirá: como é que os mortos ressuscitam? Com que corpo voltarão? O corpo é semeado corruptível, mas ressuscita incorruptível; é semeado desprezível, mas ressuscita glorioso; é semeado na fraqueza, mas ressuscita cheio de força; é semeado corpo animal, mas ressuscita corpo espiritual. Portanto, quando este ser corruptível for revestido de incorruptibilidade e este ser mortal for revestido de imortalidade, então se cumprirá a palavra da Escritura: A morte foi engolida pela vitória. Morte, onde está a sua vitória?" (1Cor 15,35ss).

HAVERÁ UM FIM DE TUDO?

Algumas pessoas fazem pregações sobre o fim do mundo. Certamente não acontecerá da forma como anunciam.

Este mundo um dia será transformado. Deixará de existir da forma como nós o conhecemos. Será quando Cristo virá em sua glória. E se isso vai ocorrer juntamente com a vinda de Cristo, então será um dia de alegria, mesmo que seja o Juízo Final. Os injustos e inimigos de Cristo devem temer esse dia, mas quem procura viver o amor, mesmo com imperfeições, deverá esperar o perdão e a restauração.

Quando isso ocorrerá? Ninguém sabe, nem o saberá! Todos que anunciam a data estão enganados. Jesus disse que o Pai não revelará isso. É a curiosidade que nos faz questionar... O que importa é viver a plenitude do tempo que estamos aqui. Afinal, todo tempo é hora de fazer o bem e viver como Jesus ensinou.

Quando vier o Justo Juiz e este mundo deixar de existir, Cristo estará inaugurando um novo mundo, que o Apocalipse denomina "novos céus e nova terra". Será o Reino de Deus. Nesse Reino, a Santíssima Trindade, Maria, os anjos e as pessoas conviverão juntos de uma forma que não somos capazes de imaginar, apenas de acolher.

Por que rezar pelos mortos?

Deus conhece mais as pessoas do que nós. Por isso, alguém se poderia perguntar: Por que então achar que Deus precisa de orações para mudar a situação de uma pessoa falecida? Na realidade, Deus, através da morte e ressurreição de Jesus, já realizou tudo para a nossa salvação, mas não esqueçamos que as pessoas são totalmente livres, tendo vontade e consciência próprias. Ora, se alguém, na sua autonomia, não consegue entender a realidade que Deus oferece, nossa oração pode ajudá-la a compreender algo que sozinha não é capaz. A oração solidária pode assim ajudar muito a pessoa a acolher o amor de Deus.

A Igreja considera a Eucaristia "o coração da realidade pascal da morte cristã". Nela a Igreja expressa sua comunhão com quem morreu. Oferecendo ao Pai, no Espírito Santo, o sacrifício da morte e ressurreição de Cristo, ela pede que o falecido seja purificado de seus pecados e admitido no Reino de Deus.

Por que a missa de sétimo dia?

A missa de sétimo dia se fundamenta no texto do livro dos Macabeus: "Santo e salutar pensamento este de orar pelos mortos. Eis porque ofereceu um sacrifício expiatório pelos defuntos, para que fossem livres dos seus pecados" (2Mc 12,45).

A Igreja Católica sempre procura rezar missas pelos falecidos no dia do seu sepultamento. No Brasil, contudo, tornou-se costume rezar a missa no sétimo dia após o falecimento, seja porque nem sempre fosse possível ter um padre para a missa de corpo presente, seja porque antigamente se demorava sete dias até reunir todos os parentes para celebrar a morte de um ente querido. Igualmente, a missa do trigésimo dia de falecimento é um costume salutar, mas que está mais incutido na cultura do povo brasileiro do que nas prescrições litúrgicas da Igreja.

Todos os dias podemos e devemos rezar pelas pessoas falecidas.

O QUE É A COMUNHÃO DOS SANTOS?

Para a Igreja, santos são todos os que ouvem a Palavra de Deus e a põem em prática. São aqueles que cumprem a vontade de Deus. Há santos vivos na terra, pois caminham guiados pelo Evangelho de Cristo. Santos são os que morreram em estado de graça, ou aqueles que se estão purificando no purgatório, na esperança de viver no céu. Vivos e mortos no purgatório ou no céu, formamos uma só família de Deus. Por isso uns rezam pelos outros, oferecendo amor e solidariedade.

Quando rezamos para que um santo interceda por nós, sabemos que é Deus quem atende ao pedido do santo em nosso favor. Quando rezamos por aqueles que estão no purgatório, nossa oração acompanha a sua purificação, porque Deus acolhe nossa prece. Vivemos nessa troca de bens espirituais. Trata-se de uma união comum entre vivos e mortos da mesma família de Cristo. Essa é a comunhão dos santos.

Rezar pelos mortos, além de ser uma obra de caridade, é um gesto de profunda solidariedade.

Qual é o sentido do dia de Finados?

Desde o século V, a Igreja já dedicava um dia por ano para rezar pelos finados, principalmente aqueles pelos quais ninguém reza nem se lembra.

Assim, no dia 2 de novembro recordamos os finados, aqueles que chegaram ao fim do seu tempo na terra. Esse dia foi instituído no século XIII para recordar que, depois do dia primeiro de novembro, quando a Igreja celebra todos os santos, deve-se rezar por todos os falecidos. O dia de Todos os Santos celebra os que morreram em estado de graça, canonizados ou não pela Igreja. O dia de Finados celebra a multidão dos que morreram e não são lembrados na oração de seus familiares e amigos – estejam eles no céu ou no purgatório. Podemos assim fazer caridade e rezar por aqueles que foram esquecidos.

Qual o significado...

... das flores que depositamos no cemitério?

O costume de levar flores aos túmulos recorda que a fé dos cristãos é marcada pela esperança da feliz ressurreição. Acredita-se que os justos florescerão no jardim de Deus. Os falecidos não recebem as flores, mas nossa saudade e amor fazem recordar que eles vivem em Deus e, assim, a dor se transforma em amor. Enfeitar os túmulos expressa saudade, gratidão, homenagem, mas, acima de tudo, fé na ressurreição.

... das velas que acendemos junto do túmulo?

Neste mundo, o amor vivido é chama que não se apaga. Seu testemunho fica como uma luz acesa no coração de quem continua a caminhada. Esse é o significado das velas acesas nos túmulos. Afinal, nossos irmãos não se "apagaram". Eles brilham diante do Deus da Luz. As velas não têm utilidade para os falecidos, mas sim renovam nossa fé na luz da ressurreição. Onde há Cristo, todas as trevas são dissipadas.

Rezar na santa missa
e fazer caridade em memória de quem partiu
é algo que auxilia os falecidos.
Afinal, o amor a Deus e ao próximo é o que mais importa.

O CATÓLICO PODE CRER NA REENCARNAÇÃO?

Algumas religiões ensinam que o ser humano pode voltar a este mundo em outras existências. É importante conhecer as diferenças fundamentais que revelam a incompatibilidade da doutrina da reencarnação com a fé católica na ressurreição.

A VIDA NÃO SE REPETE

Cada momento é único e decisivo para a salvação. De uma vez para sempre, Jesus Cristo ressuscitou e abriu o caminho para nós chegarmos ao Reino. A cada pessoa é dado um único período de tempo. A Bíblia ensina que "para os homens está estabelecido morrerem uma só vez e em seguida vem o juízo" (Hb 9,27).

Nascer de novo?

A ideia de uma conversão após a morte mediante um novo nascimento neste mundo não condiz com o ensinamento de Jesus Cristo. O que a Igreja ensina é a possibilidade de uma purificação após a morte (purgatório). A diferença está em que, no purgatório, quem age é Deus, que no fogo do seu amor nos purifica das marcas que o pecado deixou em nosso ser, afastando-nos do Pai.

Jesus afirma ao ladrão crucificado com ele: "Em verdade te digo: ainda hoje estarás comigo no Paraíso" (Lc 23,43). Pela doutrina da reencarnação, apesar de estar arrependido, o ladrão não estaria totalmente purificado – pois era um criminoso – e precisaria encarnar-se novamente. No entanto, Jesus lhe dá a sentença final: ele foi salvo! Assim, entendemos que a salvação da pessoa não pode ser alcançada somente pelos próprios méritos. A salvação é *graça de Deus, dom de Deus.*

A REENCARNAÇÃO

- Nega a ação redentora de Jesus Cristo, pois faz pensar que a salvação depende apenas do esforço de cada pessoa.
- Nega a graça de Deus, pois tudo depende da purificação pelo esforço pessoal.
- Nega o ponto central da fé cristã: a ressurreição dos mortos – o ser humano morre uma só vez.
- Nega a divindade de Cristo e sua obra salvífica. Dizer que Jesus é um espírito de luz não quer dizer que ele seja a única luz que veio a este mundo: o Deus feito carne. Quem nega a ressurreição, nega a Cristo.

A decisão depende da fé. Cada pessoa é livre para escolher o caminho religioso que deseja seguir, mas deve fazer isso com responsabilidade. Quem crê na reencarnação, não crê na ressurreição. Dessa forma, um católico não pode crer na reencarnação, pois negaria a fé da Igreja.

A Igreja Católica permite a cremação?

A Igreja Católica rejeitou a cremação até 1963, baseando-se no respeito devido ao corpo humano, diante de correntes de pensamento que viam no corpo do falecido apenas um detrito a ser queimado, negando a ressurreição da carne. A partir do Papa Paulo VI deixou de existir a proibição de cremação, a não ser que seja um protesto contra a ressurreição. Atualmente, por razões de higiene, urbanismo e economia, pode ser uma alternativa de funeral. Deus não tem limites para dar vida nova a seus filhos pela ressurreição da carne. E mesmo sendo desfeito nosso corpo mortal, ganharemos na ressurreição um corpo glorioso.

É verdade, porém, que a Igreja sempre prefere o sepultamento dos corpos, pelo significado simbólico que representa um cristão ser sepultado como o Senhor Jesus, que, ao ser colocado no sepulcro, santificou o túmulo dos fiéis, como se reza na bênção da sepultura.

O QUE FAZER COM AS CINZAS?

Os católicos devem evitar espalhar as cinzas dos mortos na natureza, em jardins ou em qualquer outro lugar. Espalhar as cinzas na natureza pode ter conotação panteísta e contrária à fé católica.

É conveniente colocar a urna no cemitério, na sepultura, ou colocar no columbário dos crematórios, onde há lóculos para essa finalidade. É muito importante manter uma referência da pessoa falecida, seja no cemitério, seja no columbário. Igualmente não se deve levar cinzas para as igrejas nem guardá-las em casa, pois não são locais adequados.

Como a Igreja trata o suicídio?

A Igreja qualifica o suicídio como pecado grave, porque se opõe à vida, corrompe a humanidade e ofende gravemente a honra devida a Deus. Embora se possa amenizar ou até mesmo anular a responsabilidade pessoal daquele que o comete, por razões de distúrbios psíquicos graves ou medo do sofrimento, o suicídio é sempre inaceitável, porque "é um ato gravemente imoral, porque comporta a recusa do amor por si mesmo e a renúncia aos deveres de justiça e caridade para com o próximo" (Carta Encíclica *Evangelium Vitae*, n. 66).

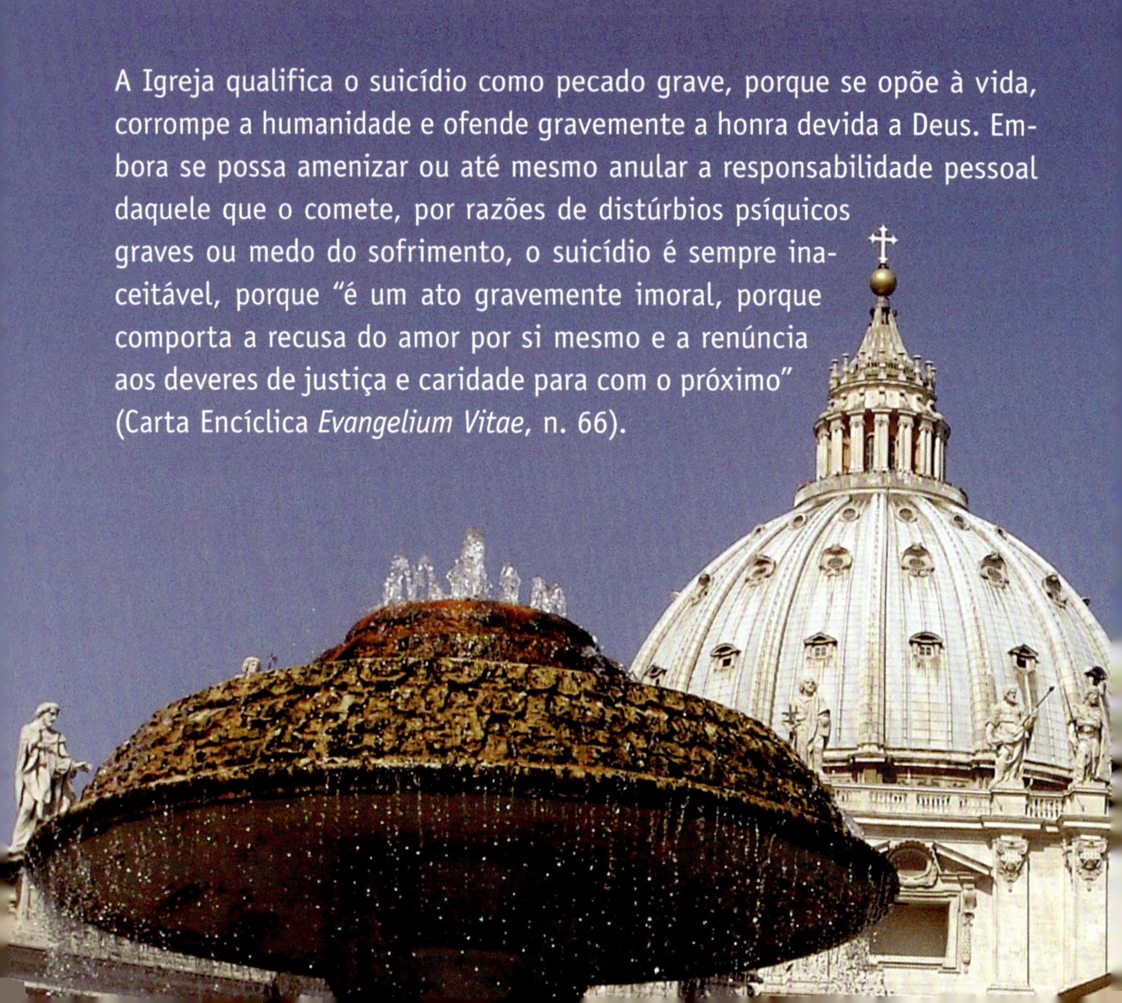

O suicídio é uma rejeição à soberania de Deus sobre a vida e sobre a morte, sendo tão inaceitável quanto o homicídio.

Entretanto, a Igreja não afirma que todo suicida será condenado. O *Catecismo da Igreja Católica* ensina que não se deve "desesperar da salvação das pessoas que se mataram. Deus pode, por caminhos que só ele conhece, dar-lhes ocasião de um arrependimento salutar. A Igreja reza pelas pessoas que atentaram contra a própria vida" (n. 2283).

É louvável que se ore pelo suicida, que em sua intenção sejam celebradas missas e se faça caridade para colaborar com sua purificação. É claro que a decisão final da salvação do suicida depende do seu arrependimento e de sua acolhida ao amor de Deus. Não somos nós que definimos seu destino, apenas oferecemos nossa solidariedade.

Existem fantasmas e espíritos?

A Igreja nunca ensinou que existem fantasmas e comunicação com a alma dos mortos, nem encostos ou possessão de espíritos de mortos em pessoas vivas. Tudo isso é resultado de uma religião que se misturou com elementos não bíblicos, com muita fantasia, descaracterizando totalmente o ensino de Jesus e dos apóstolos sobre a vida e a morte. Ao católico é proibida essa crença. Quem tiver dúvida, pode consultar os seguintes textos bíblicos: Levítico 19,31 e Deuteronômio 18,10-12.

A Igreja professa que existem anjos, que são criaturas espirituais, mas eles existem para nos ajudar a fazer a vontade de Deus. Os anjos maus, os demônios, também podem nos seduzir, mas quem é batizado tem a força da fé em Cristo. Por isso, com São Paulo, podemos rezar: "Quem nos separará do amor de Cristo?" (Rm 8,35).

POR QUE CHORAMOS?

Recordemos o escrito de um bispo do século VII:

"Que a esperança da ressurreição nos anime, pois os que perdemos neste mundo tornaremos a ver no outro; basta para isso crermos no Senhor com verdadeira fé, obedecendo aos seus mandamentos. Para ele, Todo-poderoso, é mais fácil despertar os mortos que acordarmos nós, os que dormem.

Dizemos essas coisas e, no entanto, levados não sei por que sentimento, desfazemo-nos em lágrimas e a saudade nos perturba a fé. Como é miserável a condição humana, e como se torna sem sentido nossa vida sem Cristo!

Ó morte, que separas os casados e, tão dura e cruelmente, separas também os amigos! Mas teu poder já está esmagado! [...] Basta-nos, porém, a esperança da ressurreição e termos os olhos fixos na glória de nosso Redentor. Pela fé já nos consideramos ressuscitados com ele, conforme diz o apóstolo: 'Se morremos com Cristo, cremos que também viveremos com ele' (Rm 6,8)".

Das Cartas de São Bráulio de Saragoza:

"Aos que a certeza da morte entristece,
a promessa da ressurreição consola.
Ó Senhor, nós cremos que a vida não é tirada,
mas transformada.
Desfeito nosso corpo na terra,
nos é dado no céu um corpo glorioso".

Jesus chorou a morte de Lázaro

No Evangelho escrito por São João, encontramos a passagem em que Jesus visita as amigas Marta e Maria, quando seu irmão Lázaro havia morrido. Nesse dia Jesus chorou (o relato todo pode ser lido em Jo 11,1-46).

Transcrevemos um trecho do texto para que você medite: "Quando Jesus chegou, já fazia quatro dias que Lázaro estava no túmulo. Quando Marta ouviu que Jesus estava chegando, foi ao encontro dele. Maria, porém, ficou sentada em casa. Então Marta disse a Jesus: 'Senhor, se estivesses aqui, meu irmão não teria morrido. Mas ainda agora eu sei: tudo o que pedires a Deus, ele te dará'. Jesus disse: 'Seu irmão vai ressuscitar'. Marta disse: 'Eu sei que ele vai ressuscitar na ressurreição, no último dia'. Jesus disse: 'Eu sou a ressurreição e a vida. Quem acredita em mim, mesmo que morra, viverá. E todo aquele que vive e acredita em mim, não morrerá para sempre. Você acredita nisso?'. Ela respondeu: 'Sim, Senhor. Eu acredito que tu és o Messias, o Filho de Deus que devia vir a este mundo'. Jesus viu que Maria e os judeus que iam com ela estavam chorando. Então ele se conteve e ficou comovido. E disse: 'Onde vocês colocaram Lázaro?'. Disseram: 'Senhor, vem e vê'. Jesus começou a chorar.

Então os judeus disseram: 'Vejam como ele o amava!'. Alguns deles, porém, comentaram: 'Um que abriu os olhos do cego, não poderia ter impedido que esse homem morresse?'. Jesus, contendo-se de novo, chegou ao túmulo. Era uma gruta, fechada com uma pedra. Jesus falou: 'Tirem a pedra'. Marta, irmã do falecido, disse: 'Senhor, já está cheirando mal. Faz quatro dias'. Jesus disse: 'Eu não lhe disse que, se você acreditar, verá a glória de Deus?'.

Então tiraram a pedra. Jesus levantou os olhos para o alto e disse: 'Pai, eu te dou graças porque me ouviste. Eu sei que sempre me ouves. Mas eu falo por causa das pessoas que me rodeiam, para que acreditem que tu me enviaste'. Dizendo isso, gritou bem forte: 'Lázaro, saia para fora!'. O morto saiu. Tinha os braços e as pernas amarrados com panos e o rosto coberto com um sudário. Jesus disse aos presentes: 'Desamarrem e deixem que ele ande'. Então, muitos judeus, que tinham ido à casa de Maria e que viram o que Jesus fez, acreditaram nele".

Marta foi ao encontro de Jesus e Maria ficou sentada. Com qual das duas você se identifica?

Jesus promete: seu irmão vai ressuscitar, eu sou a ressurreição, o morto viverá. Ele pergunta: Acredita nisso? Qual seria a sua resposta?

Jesus chorou e todos viram que ele amava o amigo. Chorar é expressão de amor.

Jesus mandou que tirassem a pedra. Que pedra precisa ser removida hoje?

Mais uma vez Jesus questiona Marta: Não lhe disse que, se você acreditar...? E você, continua a acreditar ou sua fé se apagou devido ao luto? Tenha calma! Tudo pode mudar com o tempo.

O morto saiu e Jesus disse: "Desamarrem os pés para que ande". É preciso andar com fé e esperança.

Chorar prejudica os falecidos?

As lágrimas são expressões da dor da perda e da saudade. Chorar pode até ser saudável. Isso não significa se desesperar. Jamais falte a esperança para o cristão. Os falecidos não estão condicionados ao nosso mundo nem ao nosso tempo. Eles vivem diante de Deus e não temos como impedir que descansem em razão de nossa tristeza. A existência deles continua na vida eterna, que não é determinada por esta vida, com seus limites e problemas. Os mortos recebem apenas nossa oração. Se quisermos fazer algo em favor daqueles que partiram, devemos recordar deles em nossas preces, especialmente na celebração da Santa Missa.

Quais palavras não ajudam?

Algumas vezes, ouvimos ou repetimos frases bem-intencionadas e até piedosas, mas que atrapalham. Muitas vezes, criam mais confusão e não ajudam em nada.

“Deus quis assim.” Deus quer a vida e o bem. Afirmar que ele faz a pessoa sofrer é desconhecer sua bondade infinita. Nessa hora Deus está junto de quem sofre, mas não que ele deseje ver o sofrimento seu.

“Você tem que mostrar que é forte.” Chorar, sofrer e até se sentir debilitado faz parte do processo de luto. Ninguém pode exigir que os outros sejam fortes nessa hora. Faz parte do processo acolher essa debilidade.

“Há dores piores que a sua.” Nunca se devem comparar experiências de sofrimento. Cada um sabe da sua dor. É falta de sensibilidade fazer comparações desse tipo.

"Vamos rezar e você ficará bom." Podemos até dizer que vamos rezar e pedir a força de Deus, mas não devemos dizer que nossa oração é um remédio que cura todos os males. A oração é para acompanhar a pessoa em todos os momentos, até na dor. A oração é uma entrega total e confiante da vida ao amor de Deus, não visa a efeitos colaterais imediatos.

"Isto não é nada! Você tem que se ajudar!" Cada um sabe quanta dor sente por certa perda. Para alguns essa situação pode não ser tão difícil, mas é preciso respeitar os sentimentos de cada um e o processo pelo qual está passando. Igualmente, não é possível exigir que alguém ajude a si mesmo, quando se está nessa situação. É preciso respeitar os tempos e momentos de cada pessoa. Cobranças geram mais tensão.

O QUE É LUTO?

O luto é uma fase de sofrimento e adaptação a partir da perda sofrida. Trata-se de aprender a viver com a falta da pessoa querida. Fugir desse estado pode causar ansiedade, confusão e depressão.

FASES DO LUTO

1. Negação/choque: a reação de choque nem sempre é repentina, pode levar alguns minutos, durar poucas horas ou alguns dias. Nessa fase pode ocorrer certa inquietação, insônia, sentimento de presença concreta e acentuada tendência a interpretar sinais ou sons como indício de que a pessoa falecida "voltou". Por exemplo: uma mãe, ao ouvir o barulho de uma moto na rua, pode achar que o filho falecido está chegando. Esta é uma característica normal do pesar, e nada tem de patológico (nos primeiros tempos de luto).

2. Raiva/culpa: surge logo a pergunta: "Por que comigo?". A raiva e irritabilidade no luto variam de pessoa para pessoa, sendo, às vezes, dirigidas a outras pessoas, ao próprio enlutado, como autoacusação ou culpa, e não é raro estarem relacionadas a quem morreu. A culpa é dirigida a qualquer pessoa que possa aparentemente ter contribuído com o sofrimento ou a morte da pessoa. A figura de Deus e a do médico são, em geral, alvos da culpa justamente por serem vistos como os detentores do poder sobre a vida e a morte. Essa é uma reação natural para tentar entender os acontecimentos.

3. Desorganização: a perda gera no indivíduo falta de esperança, tristeza e falta de vontade para realizar qualquer atividade, mesmo as mais simples, como cozinhar, arrumar a casa etc. Nessa fase é normal, em certos momentos, a pessoa sentir-se desesperada pelo fato de não conseguir reverter a situação em que se encontra.

4. Aceitação/reorganização: é o desafio de reaprender e reorganizar atividades e funções desenvolvidas. Significa, pouco a pouco, ir se abrindo à vida social, ao trabalho, aos amigos e fazer novos planos. A pessoa reorganiza a sua vida, aceitando que a pessoa querida não estará mais presente.

O processo de luto é longo, mas necessário para restabelecer o equilíbrio emocional da pessoa enlutada, mesmo que depois de um tempo, ou em determinadas situações (como datas comemorativas ou especiais), reapareçam algumas reações que necessitem de novos cuidados e reorganização.

Como lidar com o luto?

- Comente com outras pessoas sobre o que está sentindo.
- Tente manter (mesmo com esforço) as suas atividades diárias, para não se sentir tão oprimido.
- Durma bastante, alimente-se e pratique exercícios regularmente.
- Evite o álcool e quaisquer outras drogas, pois podem fazer com que se sinta mais depressivo.
- Volte à sua rotina normal assim que puder.
- Evite tomar decisões muito importantes durante o período de luto.
- Permita-se estar em luto: chorar, sentir-se paralisado, raivoso, ou seja, mostrar o que sente.
- Não hesite em pedir ajuda, caso precise.

Quanto tempo dura o luto?

Cada indivíduo é único, e o modo de enfrentar o luto também depende de cada um. Caso sinta que não está aguentando passar por esse processo sozinho, deve pedir ajuda. Amigos, família, igreja, terapia, grupos de apoio podem ser de muita utilidade. Pode ser necessário consultar um médico, se houver maiores problemas em comer, dormir, concentrar-se – sintomas esses que podem indicar depressão.

Santa Maria, rogai por nós

Rezamos diariamente à Virgem Maria confiando nossa vida à sua materna ajuda. Interessante é o que pedimos na Ave-Maria:

> *"Rogai por nós, pecadores,*
> *agora e na hora de nossa morte. Amém!".*

Maria, Mãe de Jesus Cristo e nossa mãe, tem sempre seu olhar materno voltado para nós.

Ela sofreu a maior dor que alguém pode sentir: a de uma mãe que perde seu filho. Mas seu olhar sereno, paciente e cheio de esperança nos fortalece. Maria Santíssima cuida de nós até mesmo quando não olhamos para ela. Seu olhar sempre vela sobre nós, dizendo: "Filho, vá em frente, você não está só. Meu filho, Jesus, está com você. Confie e caminhe!".

Cristo vence a morte

Pois eis que o Rei Jesus,
descido à região da morte,
àqueles que o esperavam
conduz à nova sorte.

Uma imagem de Jesus Ressuscitado, dos ícones orientais, pode nos ajudar a rezar o mistério da ressurreição dos mortos. No centro do quadro está Cristo glorioso. Ele derruba as portas da morte, agarra o punho de Adão e o arranca das trevas da morte. Pega-o pelo pulso e não pela mão, indicando que todo vigor da ressurreição depende somente de Jesus. Adão apenas deve acolher essa força de Deus, que dá vida a seu corpo mortal. Como Adão, toda a humanidade será reerguida da morte por Cristo. Afinal, ele tomou a iniciativa da nossa salvação.

No primeiro plano, saindo do túmulo, está também Eva, que é puxada para a vida e tem uma mão coberta pelo seu manto, em sinal de reverência a Cristo. Atrás dela estão os reis Davi e Salomão e outros santos e profetas.

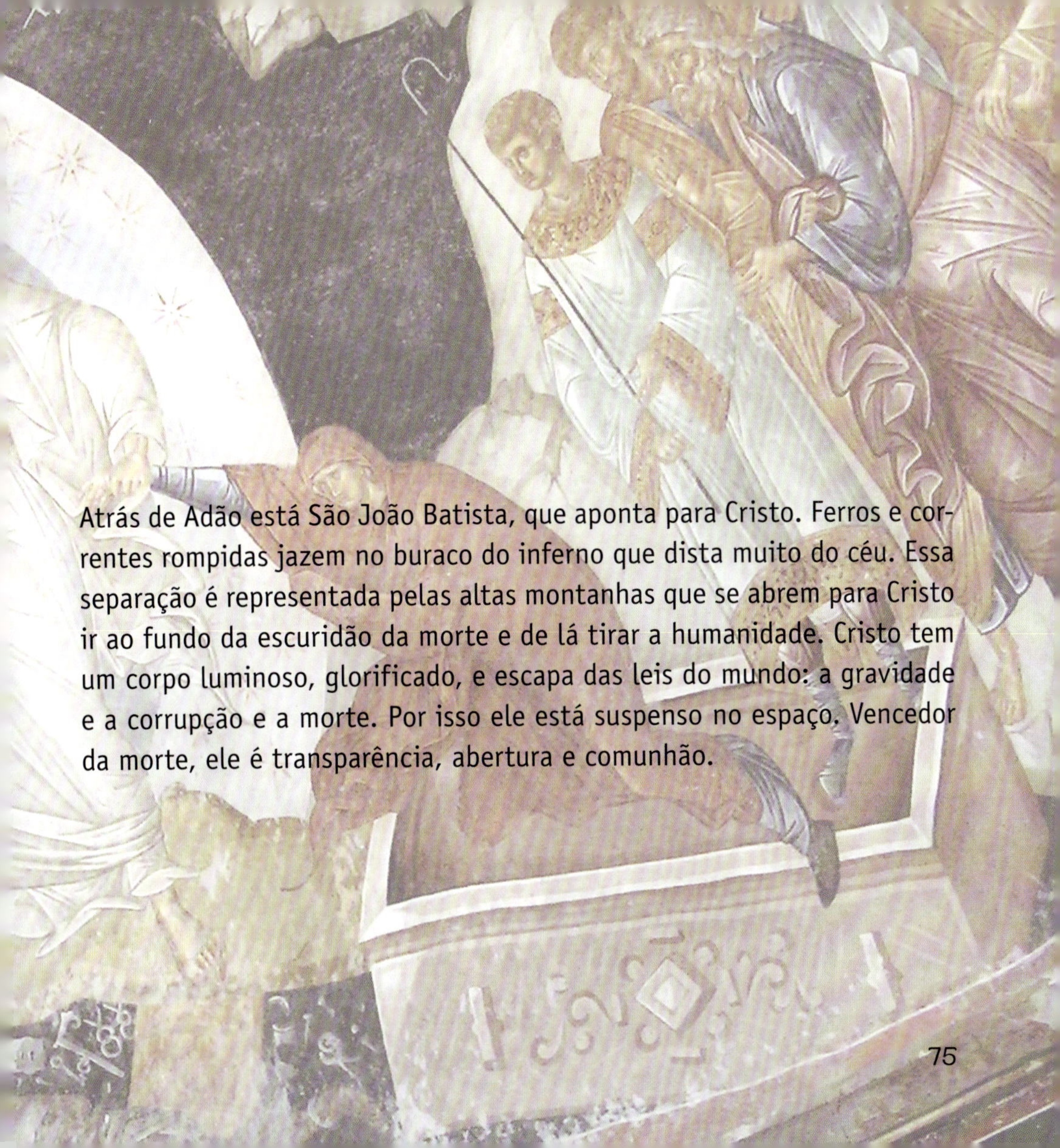

Atrás de Adão está São João Batista, que aponta para Cristo. Ferros e correntes rompidas jazem no buraco do inferno que dista muito do céu. Essa separação é representada pelas altas montanhas que se abrem para Cristo ir ao fundo da escuridão da morte e de lá tirar a humanidade. Cristo tem um corpo luminoso, glorificado, e escapa das leis do mundo: a gravidade e a corrupção e a morte. Por isso ele está suspenso no espaço. Vencedor da morte, ele é transparência, abertura e comunhão.

Recordar, viver e esperar

Diante das perdas, é preciso aprender a viver sem a pessoa que partiu. A saudade e a dor podem ser transformadas com a lembrança dos bons momentos vividos: as dificuldades superadas, as festas celebradas, as tristezas partilhadas.

O cristão, mesmo diante do luto, continua a viver com serenidade. Todo dia é ocasião de renovar as forças e caminhar. A vida continua sendo bela e repleta de motivos para agradecer a Deus por tantos dons.

Somos peregrinos da esperança. Seguimos em frente recordando tantas pessoas que fizeram parte de nossa história. Buscamos uma felicidade plena que só em Cristo encontraremos.

Cada experiência vivida, com suas alegrias e preocupações, nos impele a dias melhores. Mesmo quando parece que a noite vai sufocar a aurora, a esperança do amanhecer transforma a escuridão.

Sumário

Rua Dona Inácia Uchoa, 62
04110-020 – São Paulo – SP (Brasil)
Tel.: (11) 2125-3500
http://www.paulinas.com.br – editora@paulinas.com.br
Telemarketing e SAC: 0800-7010081